ESPEJO DE LOS DETALLES

MIRROR OF DETAILS

Jesús Sepúlveda

Translated by
Elmira Louie

Espejo de los detalles / Mirror of Details
Primera edición bilingüe: agosto de 2020
First bilingual edition: August 2020

©Jesús Sepúlveda
©de esta edición/of this edition: El Sur es América

Traducción al inglés/ English Translation: Elmira Louie
Ilustraciones / Illustrations: Ivo Vergara Lasnibat (aka Ivotopia)
Diseño de portada / Cover Design: Santiago Mosquera
Retrato del autor / Autor's portrait: Sarah Grew

Library of Congress Control Number: 2020940623

ISBN- 978-1-7337337-4-8

Editorial El Sur es América, LLC
Virginia, Estados Unidos.
ElSurEsAmerica@gmail.com
www.ElSurEsAmerica.com

Hemos alcanzado la luz, el agua y el espejo
Y no tenemos miedo

You and I
Reached the light, the water and the mirror
And we were not afraid

Forough Farrokhzad

CONTENIDO

CONTENTS

MIRROR OF DETAILS   −11

MY LAST NAMES ARE CALLED BUDDIES   −69

ESPEJO DE LOS DETALLES

MIRROR OF DETAILS

A PARTIR DE MANHATTAN

a Enrique Lihn

Han asesinado el cielo y muerto la noche
Hidra colérica contra el brazo del domador

El caballo negro galopa en los rieles del infierno
Se congela el corazón de Lorca

La tuberculosis tose tras las puertas de los hospitales
Un gato angora brinca a la luz del ovillo

Destellos en los detalles
El mundo se eleva en una isla de pantanos y ríos

A PARTIR DE MANHATTAN

To Enrique Lihn

They have murdered the sky and killed the night
Hotheaded Hydra up against the tamer's arm

The dark horse gallops along hell's course
Lorca's heart freezes over

Tuberculosis coughs behind hospital doors
The angora cat pounces at the sight of yarn

Dance in the details
The world rises on an island of rivers and swamps

CIUDAD NEGRA

I
Seamus Heaney ha muerto
10 mil años en la travesía del mamut

Tribus de la montaña
prefirieron el valle a la ventisca

Pisar la losa
no es lo mismo que surcar la tierra

Pirámide invertida
La poesía no ha muerto

II
La serpiente humana arrastra años de civilización
Retoca sus monumentos de guerra

III

a Bob Delmas

Como papiro del Corán
el barco ebrio flota en el muro

En los adoquines de la tarde se ordena el mundo
El joven africano lee a Guy Debord

El viejo poeta espera en un callejón
el colmillo de la muerte

IV
La pequeña muerte parisina –*l'après-midi*
Un piano filtra la canícula
Por el patio sube el humo de los árabes

BLACK CITY

I

Seamus Heaney is dead
10 thousand years on the Mammoth's journey

The mountain tribes
favor the valley over the blizzard

Hovering over ground
isn't the same as plowing into the earth

Inverted pyramid
Poetry is not dead

II

The human snake drags years of civilization
Adjusts its monuments of war

III

To Bob Delmas

Like the papyrus of the Koran
The drunken boat floats on the wall

The evening's cobblestones display the world
A young African man reads Guy Debord

In an alley the old poet awaits
the bite of death

IV
The Parisian petite mort – *l'après-midi*
A piano eases the heatwave
The Arabs' smoke rises through the courtyard

V

Me da asco la política
En el templo de la guerra se glorifica la muerte

Hombres grises cortan sus cabezas
Hasta la utopía siempre

VI

Breves historias de amor en apartamentos cerrados
Esclavos de sus tubos celulares

Ciudad viva
La muerte habita en la belleza

VII

Rechina la cría del infierno
cuando el Metro agranda la garganta

Tiendas de lujo y boutiques
esperan desatentas la próxima revuelta

VIII

Golpeados por el tiempo
La máquina respira y el infierno aúlla

Mar sembrado de animales
Fuego encendido

¿Qué hacer
cuando el espíritu emana de sus ojos?

V

Politics disgusts me
Death is glorified in the temple of war

Gray men cut off heads
Towards utopia forever

VI

Brief love stories in closed apartments
Enslaved to their cells

Living city
Death dwells in beauty

VII

Hell's offspring screeches
when the Metro expands its throat

Luxury shops and boutiques
carelessly await the next revolt

VIII

Beaten by time
Machines breathe and hell howls

Sea plagued with animals
Burning fire

What to do
when their spirit flows from their eyes?

IX

11 de Septiembre

Hoy me visto de negro
para evitar el reflejo constante
de esos Hawker Hunters
estrellándose contra el Palacio de Gobierno

X

Me gusta pero me hace mal
Dormidos en las calles hedientos a vinagre
Descubiertos ante la noche
La poesía habita en la boca de los locos
De sus ojos emana luz
Galerías sinuosas garrapateadas en cuaderno de apuntes

IX

September 11th

Today I wear black
to avoid the constant reflection
of those Hawker Hunters
crashing into the Palacio de Gobierno

X

I like it but it pains me
Sleeping in the streets reeking of vinegar
Exposed at night
Poetry resides in the mouth of the lunatics
From whose eyes light flows
Serpentine galleries scribbled in the notebook

QUEDARSE

Quedarse
como si eso fuera lo importante

Quedarse ciego como Borges
o el eterno Homero

Quedarme con pena
lentamente
mientras el resto parte

Quedarse y quedarme
como si pudiera quitarle el anillo a la muerte

Quedarse con uno
        o quedarse con ella
        tomados de la mano
        y tristes
        por si acaso

Quedarse en un país
        o quedarse en el terruño

Ir quedándose de a poco
como gato callejero que se hace el adoptado

Quedarse a este lado de la acera
        o quedarse sin fuego
        entre la bruma de los que parten

Quedarse por un tiempo
o quedarse para siempre

Quedarse calvo como el amigo Leiva

KEEP

Keep still
like it was an important thing

Keep blinded like Borges
or the eternal Homer

Keep my pain
slowly
while others depart

Keep still, you and I
even if I could take death's ring

Keep together with me
     or with her
     saddened
     and holding hands
     just in case

Keep together in a country
     or keep together on native land

Continue keeping still
like a stray cat pretending to be adopted

Keep to this side of the sidewalk
     or keep flameless
     between the mist of the departed

Keep temporarily
or keep forever

Keep balding like my friend Leiva

O quedarse simplemente
como se quedan los muertos
quedarse mudo o
quedarse huérfano
quedarse
quietamente
hasta que pase el invierno

Or simply keep
still like the dead
mute or
orphaned
keep
quietly
until winter ends

EL HACEDOR

Fue cuando el hacedor se apareció en el living de nuestra casa
Mis padres estaban vivos
Lagos en una esquina, mi padre en su silla de ruedas
Ortiz en la mesa del patio. Había revuelo
Oscurecía. Era la hora de tomar once
Mi hermano vino nervioso a la cocina
"Borges está en el living" —dijo
Esperaba interlocutor. Mi madre doblaba ropa
Entonces lo vi: de piernas cruzadas
viejo y decente. Vestía un pantalón de tela
y una camisa cubierta por un suéter de primavera
Agarré una silla del comedor y la puse junto al sofá
No parecía ciego
Miraba con atención el cielorraso
de esa casa de adobe de barrio viejo
Creo que escuché el reloj de muro. Pensé:
Esto no es un sueño
Afuera los niños jugaban a un juego de pelota. Había algazara
Fue el día que el hacedor se apareció en el living de nuestra casa

EL HACEDOR

It was when the maker showed up in our living room
And my parents were alive
Lagos in a corner, my father in his wheelchair
Ortiz at the patio table. There was an uproar
Night fell. It was time for tea
My brother nervously came into the kitchen
"Borges is in the living room" —he said
Awaiting a companion. My mother was folding clothes
Then I saw him: legs crossed
old and decent. He wore slacks
and a shirt covered by a spring sweater
I took a chair from the dining room and set it next to the sofa
He didn't seem blind
He looked attentively at the ceiling
of that adobe house in the old part of town
I think I heard the wall clock. I thought:
This isn't a dream
Kids outside playing a ball game. There was a commotion
It was the day the maker showed up in our living room

LIVING

Entonces todo transcurría en un living
La alfombra los libros el desasosiego
Silencio inmóvil de elefantes de porcelana
Mesa de centro y dos lámparas

Se abría la noche
Pozo profundo entre una mano insegura y el cenicero
Zumbido de cables eléctricos
Ciudad sitiada

Lejos había un mundo
O la fauna silvestre que rugía en las páginas de una enciclopedia
Todo cabía en el borde de esa alfombra
Caminar en círculos y repetir canciones aprendidas de memoria

La casa entera era un barco
Vaivén de pasillo entre el baño y la cocina
A veces se apagaba el tiempo
Las ventanas estaban cerradas

El aire golpeaba los postigos
Por los tragaluces entraban sueños
Animales de colores
Fotografías en movimiento

LIVING ROOM

Then it all transpired in a living room
The carpet the books the unease
Static silence of porcelain elephants
Coffee table and two lamps

The night opened
A deep well between a shaky hand and the ashtray
Buzz of electric cables
Besieged city

There was a world far away
Roaring wildlife inside the pages of an encyclopedia
Everything fit within the confines of that carpet
Walk in circles and sing songs by heart

The whole house was a ship
Hallway swaying between bathroom and kitchen
Sometimes time vanished
The windows were closed

The air hit the shutters
Dreams fell through the skylights
Vibrant animals
Moving photographs

MOONLIGHT

Al patio entraban las palabras de la noche
Ventanas del delirio

Las velas alumbraban el rostro de mi vieja

La abuela volvía de su tumba
y la muerte soplaba la nuca del tío Hernán

Frases tristes en la cera candente de la palmatoria

No te preocupes, hijo
su espíritu vuelve a cuidarte

Aparición en las baldosas del patio

Había rostros sombríos y una mueca de terror
El decorado mural manchaba la mente

También había una estela. Clareaba

Susurro en el oído
Los muertos entran por la boca

MOONLIGHT

Evening words entered the patio
Windows into delirium

The candles lit my mama's face

Grandma came back from her grave
and death brushed the nape of uncle Hernán's neck

Sad phrases burning in the candlestick wax

Don't worry, son
her spirit is coming back to take care of you

Faces in the patio tiles

There were somber expressions and a grimace of terror
The mural set sullied the mind

A trail remains. Dawn breaks

Whispering in the ear
The dead enter through the mouth

EL BESO DE LA MUERTE

Se acercan soñando con el vacío
    donde el viento alegra el fuego que calcina los pies y el recuerdo

Se acercan a la luz de los porches abiertos
    revoloteando como vagabundos en torno a la hediondez

Se acercan pero están desiertos
    porque la luz de las velas no alumbra los rincones del tiempo

Se acercan sin más remedio a la cinemateca de los párpados neutros
    donde no hay tacto ni figuras ni colores que entretengan el
                                     [cerebro

Se acercan al fin con sus andadores placas y monasterios porque en
    la boca honda que llama no sirven sillas de ruedas mucamas ni
                                     [médicos

THE KISS OF DEATH

They draw closer to dreaming along the void
    where the wind stokes the fire that chars both memory and feet

They draw closer to the light of open porches
    hovering like the homeless around stench

They draw closer but are deserted
    because candlelight doesn't shine on the corners of time

They draw closer to the cinematic vault of inevitably still eyelids
    where there aren't any figures or colors or touches that the
                     [brain entertains

They draw closer with their walkers and dentures and monasteries
    because the deep chasm that calls cares not for wheelchairs
                     [maids nor nurses

9:11

Hay algo en mí que es oscuro

Un sombra
Una mancha

La historia aguerrida de los pueblos
Su fracaso funesto

Hay algo que no entiendo

Son las 9 de la mañana
y no hay motivo alguno

Destila como suero por la sonda
Palpita erecto
Caballería del espanto

Hay algo oscuro
como si al abrir la puerta
el cuarto claro se muriera
Pensativo

Hay algo que no entiendo

9:11

There's something dark inside of me

A shade
A stain

The people's embattled history
Their baneful defeat

There's something I don't understand

It's 9 in the morning
and there's no reason

It drips like saline through an IV
Erect palpitation
Cavalry of horror

There's something dark
as though by opening the door
the clear room dies
Pensively

There's something I don't understand

DEUTSCHLAND IST WELTMEISTER

a Paul Celan

¿Cómo comer helado en paz
junto a mi hijo y mi novia
cuando caen bombas en Gaza
y esos niños que hace un minuto jugaban en la arena
quedan destrozados como ardillas en una carretera?

¿Cómo mirar el sol
cuando misiles derriban aviones comerciales
y esos hombres rudos con balaclavas
transan el odio por la muerte?

¿Cómo desayunar a la sombra de la secoya
cuando hay sesenta mil menores detenidos en la frontera
en un desierto más vasto que el océano?

¿Y cómo ver la final del Mundial de fútbol
cuando todavía penan las almas del Estadio Nacional
y en la isla del Diablo
Dreyfus desfallece
acusado de traición y terrorismo?

La mano asesina apuñala a una muchacha en Buenos Aires
El dedo del sicario corta las extremidades de su víctima

¿Cómo seguir siendo prisionero en el tren del mundo
cuando Cristo ha vuelto a ser crucificado
y la biblioteca de Bagdad arrasada
y los budas
de Afganistán derrumbados?

El único fantasma que recorre el planeta es el de la extinción
y las bombas de racimo no inventaron el futuro
ni los drones alumbraron el pasado

¿Cómo escribir poesía después de Auschwitz?

DEUTSCHLAND IST WELTMEISTER

To Paul Celan

How can I eat ice cream in peace
with my son and girlfriend
when bombs are falling on Gaza
and those kids who were playing in the sand a second ago
are left rotting like roadkill?

How can I look at the sun
when missiles shoot down commercial planes
and those cruel balaclava-clad men
trade hate for death?

How can I have breakfast in the shade of the sequoia
when sixty thousand minors are detained at the border
in a desert even more immense than the ocean?

And how can I watch the FIFA World Cup final
when the souls of Estadio Nacional are still in torment
and on Devil's Island
the devitalized Dreyfus
is accused of treason and terrorism?

The murderous hand stabs a girl in Buenos Aires
The hitman's finger dismembers its victim

How can I remain prisoner on the train of the world
when Christ has returned, crucified,
and the library of Baghdad, razed,
and the Buddhas
of Afghanistan collapsed?

Extinction is the only spectre that haunts the Earth
cluster bombs did not invent the future
nor did drones illuminate the past

How can I write poetry after Auschwitz?

BOLSA DE VALORES

*a Daphne Caruana Galizia
y Santiago Maldonado*

Acaban de asesinar
¿Qué importa el fútbol?
Los mafiosos sonríen y los árboles gimen
Cae la luna

Se llamaba Santiago
Tocan sus tambores tristes
¿Dónde van a parar los que no aparecen?
Jauría desbocada

El botón de fuego pende de su lira
La manada huye de la extinción
Acaban y el compás mecánico

Afuera los entumecidos
Mapa de transacciones y cirugías
¿Tan impunes son los cabrones de la muerte?

STOCK MARKET

To Daphne Caruana Galizia
and Santiago Maldonado

They have just murdered
Who cares about soccer?
The mobsters smile and the trees wail
The moon falls

His name was Santiago
They beat their dreary drums
Where will the disappeared appear?
Pack of feral hounds

The big red button relies on their lyre
The herd flees from extinction
They finish and the mechanical compass

The numb wander
Maps of transactions and surgeries
How unpunishable are the bastards of death?

DESAPARECIDOS

Ya no volvieron
ni aparecieron
ni se fueron al cielo
Cayeron
a un pozo cubierto de ripio
mientras el humo de los cigarros
subía
como
hilo
de
seda

DESAPARECIDOS

They have not returned
nor appeared
nor gone to heaven
They fell
to a pit paved with gravel
while the smoke from the cigars
rose up
like
a
silk
thread

INMACULADA CONCEPCIÓN

El día que mataron a Lennon
yo cumplía 13
lunas de las menstruaciones
y balas anónimas en la larga noche de los adoquines

Así permanecimos hundidos
Cama infestada de pulgas y hormigas
Oíamos sus canciones
No comprendíamos sus letras

La paz era entonces un grito de guerra
Zumbaban en nuestras cabezas
los helicópteros

IMMACULATE CONCEPTION

The day Lennon was killed
I turned 13
menstruation moons
and anonymous bullets in the long cobblestoned night

And so sunken we stayed
Bed infested with fleas and ants
We heard the songs
Not understanding the lyrics

Peace was then a war cry
Whirring in our heads
the helicopters

EL FASCISMO SE SIENTA A LA MESA

Padre sorbe su sopa
    y espía el mundo que alrededor se desploma

Madre mira por la ventana
    la danza de la muerte que por sus ojos cabalga

El fascismo ha embaucado a la hermana

La niña llora con ojos claros
    que botan lágrimas de porcelana

El fascismo se sienta a la mesa
    provoca discordia
    echa risotadas
    El hermano estalla

La niña se sienta a la mesa
    y el fascismo la embaraza

    Pare una criatura pelirroja que siente la mano dura en su espalda

    Cruje la guerra
    El trasero quemado que moja la cama
    El castigo
    Los correazos

    La hermana calla

El fascismo se ha sentado a la mesa
Padre remoja el pan y pierde los dientes

La criatura llora
    chilla
    y a veces también se queda quieta

FASCISM SITS AT THE TABLE

Father slurps his soup
  and spies on the world that collapses around him

Mother looks out the window
  the dance of death riding through her eyes

Sister has been fooled by fascism

The girl cries with crystal eyes
  porcelain tears

Fascism sits at the table
  causes discord
  casts laughter
  Brother bursts

The girl sits at the table
  and fascism impregnates her

  Gives birth to a redheaded creature who feels a hard hand on
                   [her back

  War groans
  A burned bottom wets the bed
  Punishment
  She gets hit with a strap

  Sister is silenced

Fascism has sat at the table
Father soaks the bread and loses his teeth

The creature cries
  screams
  and sometimes also stays still

Corazón de madre agitado
    que palpita
    y ora

El fascismo se apropia de la casa
Hace exhibiciones de hombría
    grita cuando habla

    El fascismo
    piensa en dios
    y llora

    Sabe humillar
    y denosta

    Buitres —dice
    Comunistas
    y se llena la boca con la comida que madre e hija preparan

    Es vulgar
    y no le importa

Se alegra cuando muestran por la tele
    la sombra de los fusilados
    Habla de patria y familia

    Trizadura en el pasillo
    que corre como columna de enfermo

Padre se va curvando en su silla de ruedas
Madre suspira ante el recuerdo de una foto en blanco y negro
Se abre el hueco de la sepultura

Nieta oculta las marcas del horror

Hasta que un día cumple quince
    y su pelo ya no es pelirrojo
    sino rubio
    y triste como un cuadro de Van Gogh

The heart of a disturbed mother
    throbs
    and prays

Fascism seizes the house
Makes exhibitions of manhood
    shouts when it speaks

    Fascism
    thinks about god
    and cries

    Knows how to humiliate
    and insult

    "Vultures" — it says
    "Communists"
    and fills its mouth with the food mother and daughter prepare

    It's vulgar
    and doesn't care

It rejoices when they show on TV
    the shadow of the executed
    It speaks of homeland and family

    Crack in the corridor
    runs like a patient's spine

Father sags in his wheelchair
Mother sighs at the memory of a black and white photo
The burial hole opens

Granddaughter hides the marks of horror

Until one day she turns fifteen
    and her hair is no longer red
    but blonde
    and sad like a painting by Van Gogh

Entonces el fascismo la embaraza
aborta
la trauma
Y así vive hasta que se casa

Ella misma ya es madre
Luego se separa
y enviuda

Marido muerto en sala de hospital
Esposa en cama por derrame cerebral

El fascismo se hace la víctima
Se queja
Proclama

Pero un día la niña se levanta
y habla
Se recupera
Vomita esa cosa oscura que tenía atragantada

Then fascism impregnates her
she aborts
is traumatized
And so she stays until she gets married

She is herself a mother now
Later she separates
        and is widowed

Husband dead in a hospital room
Wife in bed after a stroke

Fascism plays the victim
        Complains
        Proclaims

But one day the girl gets up
        and speaks
        She recovers
        Vomits the dark thing that had choked her

ANGELUS NOVUS

El filósofo sueña las ruinas de la tormenta
Gotean sus ideas en la gruta del pensamiento

A los pumas les crecen dos ojos
uno para la noche / otro para los ciervos

Fisura de luna en la piel
La bestia agita sus alas

En la panza preñada de la historia
se incuba la guerra

ANGELUS NOVUS

The philosopher dreams of the storm's ruins
Ideas dripping in the cave of thought

Pumas grow two eyes
one for the night / another for the deer

The moon's fissure on the skin
The beast beats its wings

In the pregnant belly of history
war incubates

ENDECASÍLABO

El
mundo
lame
la
mano
del
amo

HENDECASYLLABLE

The
palm
of
the
owner
is
licked
by
the
world

GLOSA DEL FANTASMA DE HIELO

Recorre el planeta a 23 grados bajo cero
Todo se congela a su paso: tubos, cañerías, ventanas

Seres cuya transparencia se desvanece al tumbar la temperatura
Murciélagos de agua en el living de la casa

Se emborrachan en las trincheras de la nieve
El cambio climático los hace visibles

Un cuerpo irradia calor en el cuarto de los vidrios congelados
El brujo del frío se enfrenta a los dioses

GLOSS ABOUT THE ICE GHOST

It wanders the planet at 23 degrees below zero
Everything freezes in its wake: drains, pipes, windows

Beings whose transparency fades when the temperature drops
Bats made of water in the living room

Get drunk in the trenches of the snow
Climate change makes them visible

A body radiates heat in the room of frozen glass
The Winter Sorcerer faces the gods

BLACKOUT

Cae el témpano
que lento
va a posarse en las estanterías de los bárbaros

Se vuelven agua los carámbanos
que pronto
se unen a la fuerza del río

Niños con guantes y gorros
siguen el sendero blanco
Las nutrias juegan en el canal

El tiempo activa la alarma
46 grados en Buenos Aires
37 en Chile

Sequía en California
Nieve en el Pacífico
La neblina fina penetra el cuerpo que emana música cuando se
                                        [pone a vibrar
Niños con botas y abrigos
Cables en el suelo
Autos detenidos

Se desploman las ramas
El fantasma entra por puertas y ventanas
Hasta el interior de la casa llega el crujido de la noche

BLACKOUT

The iceberg falls
how slowly
it will settle on the shelves of the barbarians

The icicles become water
how quickly
they join forces with the river

Children with hats and gloves
follow the white path
The otters play in the canal

Time triggers the alarm
46 degrees in Buenos Aires
37 in Chile

Drought in California
Snow in the Pacific
A fine mist penetrates the body that emits music when it starts to
                                                                    [vibrate

Children in coats and boots
Cables on the floor
Stopped cars

Branches collapse
The ghost enters through doors and windows
The creaking of the night reaches even the depths of the house

LAS RATAS INTERRUMPEN MI SUEÑO

Se lo llevan oculto bajo su sotana
Y corren despavoridas en el mar de la noche
Roen las costillas de la casa
Carne de invierno

El sueño gime cuando el mundo se remece
Pensamientos en boca del ático
Entre un sueño y otro hay un pasadizo
Puerta que abre el útero

En la mesa del patio se reúnen los descarnados
Una caminata en el bosque
Pies descalzos como raíces en la tierra

Las ratas corretean por los pasillos de la mente
Roban los sueños
Domestican la existencia

THE RATS INTERRUPT MY DREAM

They carry it under the cassock
And run to the sea of night
Terrified rats gnaw on the ribs of the house
Winter's meat

The dream wails when the world shakes
Thoughts in the mouth of the attic
Between one dream and another lies a corridor
Door that opens the womb

Round the patio table sit the dead
A hike in the forest
Barefoot as roots in the earth

The rats run around the mind's halls
Stealing dreams
Taming existence

RETABLO DE LAS MARAVILLAS

Parece que las ardillas volaran de rama en rama
La secoya del jardín parece tocar el cielo

Parece que todo se hubiera detenido
      cuando miro por la ventana

          La pajarera abandonada
          El liquidámbar triste
               cuyas ramas parecen sostener el tiempo

Afuera se forman cúmulos
      y los nubarrones parecen estrechar el día

Parece que mi cuerpo
      no está de acuerdo con mis pensamientos

En el sueño se quedó colgando una idea
      y por mi boca el mundo parece bufar
      Las ardillas corretean borrachas de amor

El viento murmura frases
      que aparecen en los labios de un mensajero

      Galopa la noche por un sendero inexistente
      En el vacío zumban las noticias mientras bulle la cafetera

Parece que soy un arrepentido
      que las apariciones de la mañana se desvanecen
          y un volcán de sensaciones parte al destierro

      Las alas de los cuervos se cierran
      Sermón amargo en el semillero de la memoria

THE PUPPET SHOW OF WONDERS

Seems like the squirrels fly from branch to branch
The garden sequoia seems to touch the sky

Seems like everything stops
      when I look out the window

        The abandoned aviary
        The sad sweetgum
           whose branches seem to hold up time

Cumulus clouds form outside
      and thunderclouds dwindle the day

Seems like my body
      doesn't agree with my mind

An idea left hanging in a dream
      and through my mouth the world seems to snort
      Drunk with love the squirrels run

The wind whispers phrases
      seeming to appear on the messenger's lips

      Night gallops down a non-existent trail
      The coffee maker hisses while the news hums in the void

Seems like I'm a penitent
      as the morning apparitions fade
        and a volcano of sensations are exiled

      The raven tucks its wings
      Bitter sermon in the seedbed of memory

Parece que se deshace el invierno
       y por el hueco de la escalera huye el cadáver de las ratas

      El jilguero se posa en el tragaluz
      Sombras que desaparecen en el ojo del equinoccio
      Desfile de recuerdos frente a cercos de madera

Seems like winter is undone
and down the stairwell flees the rat's corpse

The Goldfinch perches on the skylight
Shadows seem to disappear in the eye of the equinox
Parade of memories facing wooden fences

PROSA Y ANARQUÍA
DEL
MACHO CABRÍO

1
Se dan trompadas se abrazan se juran
Serán camaradas hasta la extinción

Se quieren como perros de caza
Gritan burradas maldicen se hacen los bravos

En el fondo solo el espejo tenía ese olor
a macho cabrío salido de la montaña

2
Yo no fui
ni me enamoré de la drogadicta

Entonces me atragantaba con la muerte
que sacaba sus brazos por mis fosas nasales

Cada vez que escupía quedaba el piso blanco
Losas de Carrara

En el fondo solo el espejo tenía ese aire a macho cabrío
subido en la roca de una montaña

3
Era una bestia
en
ca
ra
ma
da
con pezuñas y lomo
bramando por la noche

MACHO CABRÍO'S
PROSE
AND ANARCHY

1
They throw punches they embrace they swear
They will be comrades until extinction

They love each other like hunting dogs
They scream nonsense they curse they make themselves brave

Frankly only the mirror had that smell
of a mountain ram

2
It wasn't me
nor was it I who loved her the drug addict

Then I choked on death
whose arms were extracted from my nostrils

Every time I'd spit the floor would remain white
Slabs of Carrara

Frankly only the mirror had that air of a mountain ram
on top of a rock

3
I was a beast
ra
is
ed
up
with hoof and loin
bellowing in the night

Chorreaba un líquido negro
Ninguna bandera

Al fondo zumbaban los helicópteros
Eso era todo

4
El macho cabrío se mira en el espejo
y deja que el recuerdo de su madre se salga

5
Ya ha explorado el encierro
y dado suficientes patadas

Indagado en la luz
que difumina la neblina

Difícil es navegar sin horizonte
en aguas transparentes

Mirar el pozo
Darse cuenta del fondo

Ver la imagen de un macho cabrío
que hace una soga con sus palabras

Dripping a black liquid
Holding no flag

The helicopters whirred in the background
That was all

4
The black ram looks in the mirror
and lets the memory of his mother fade

5
He has already explored captivity
and given it enough kicks

Already investigated the light
that the haze blurs

It's difficult to sail without a horizon
in transparent waters

Look down the well
Take note of its depth

Glance at the black ram's image
make a noose with his words

BÍPEDO IMPLUME

Animalito, diga
no sea tan obseso

¿No ve que no pasa nada?
La mañana es una rata que entra de madrugada

No se ha dado cuenta que el guante está vivo
y hay huesos en la entrada

No, animalito
no diga eso

Donde unos entran
otros salen

Y si le sirve de consuelo
sepa que ayer fue jueves

Que siempre habrá un mes llamado septiembre
y besos de porcelana

Diga, animalito
y repítalo en lontananza

¿Es cierto de verdad?
Mírese a lo largo de su cabello

Y manténgase contento, animalito
porque el sol es redondo

Y juegue, sí
juegue, animalito

aunque le suene feo —
mírese por dentro

FEATHERLESS BIPED

Say, little animal
don't be so obsessive

Don't you see it's all right?
Morning is the rat entering at dawn

Haven't you noticed the glove is alive
and there are bones in the doorway

No, little animal
don't say that

Where some come in
others come out

And if it's any consolation
know that yesterday was Thursday

That there will always be a month called September
and porcelain kisses

Say this, little animal
and repeat it in the distance

Is it really true?
look down the length of your hair

And keep calm, little animal
because the sun is round

And play, yes
play, little animal

even if it sounds ugly —
look inside yourself

Espejo de los detalles / Mirror of Details

MIS APELLIDOS SE LLAMAN CARNALES

MY LAST NAMES ARE CALLED BUDDIES

EN FRANÇAIS

a Fabienne

Quejidos
por
puertas
y
ventanas
purgan
la
inquietud
de tu
c
u
e
r
p
o

EN FRANÇAIS

To Fabienne

Moans
by
doors
and
windows
purge
the
tension
from your
b
e
i
n
g

ADÁN & EVA

Se mira pero no se toca
Y si se toca
¿qué se toca?

¿El espíritu aciago?
¿La selva húmeda?
¿Dos felinos qué son?

¿Un Buda adormecido al final de la noche
o la realidad del alma?
¿Qué se toca cuando se toca?

¿Un sueño camino a Guatemala
o la cordillera?
¿Acaso solo era eso?

Se mira pero no se toca
Y si se toca
¿qué se toca?

ADAM & EVE

Look but don't touch
And if you touch
what do you touch?

The damned spirit?
The humid jungle?
Two felines, what are they?

A Buddha lulled at night's end
or the soul's reality?
What do you touch when you touch?

A dream on the way to Guatemala
or the mountain range?
Perhaps that was all?

Look but don't touch
And if you touch
What do you touch?

DARK HORSE

Bajo la luz del búho
Dylan Thomas

Fue el día que Brasil eliminaba a Chile
La manguera del patio abría sus poros
Las chispas se mezclaban con el polen del verano
Por la garganta entraba el humo sin carraspear

Fue a la hora exacta
cuando el sol se posa en las tejas del mediodía
La rosa del arcoíris observa
En la oscuridad se deshojan las sombras

Fue el día del pandero y la minifalda
Antorchas en la bóveda
¡Oh, maestra de los caprichos!
Malaventurados ruegan tu nombre

Fue a la hora que los minutos cabalgan

DARK HORSE

Altarwise by owl-light
Dylan Thomas

It was the day Brazil defeated Chile
The garden hose opened its pores
Sparks mingled with summer pollen
Smoke soundlessly entered the throat

It was the exact hour
When the afternoon sun settles on roof tiles
The roses of the rainbow observe
Shadows defoliate in darkness

It was the day of tambourines and miniskirts
Cavern torches
Oh, master of whims!
The hapless implore your name

It was the hour the minutes rode

PERLA DE LABUÁN

Una parte mía también muere — dijo el Rajá de Sarawak
la tarde que anunciaban su partida

El pirata de negro se suelta el pelo
la noche que alumbran los ojos de los tigres

Recibió una llamada antes de la hora de almuerzo
En el infierno moría el dictador

Comió en su mesa, bebió en su copa
fornicó en su cama

THE LABUAN PEARL

A part of me also dies — said the Rajah of Sarawak
the evening his passing was announced

The black-clad pirate lets his hair down
the night lit by tiger's eyes

He received a call before lunchtime
The dictator dies in hell

He ate at his table, drank from his cup
fornicated in his bed

NOCHES BASTARDAS

No voy a repetir lo mismo
Lo prometo. Me
requisaron todo, incluso
hasta el alma

Los poetas miran fijo el humo de la vida
Ella y yo en medio del camino
Ola de eventos y nombres merodean en silencio
Noches bastardas que no le pertenecen a nadie

Retumba el eco de la macumba
cuando el vino enciende la carne
¿Estoy o no en la guerrilla?
Hora de fantasmas que hacen crujir las ramas

BASTARD NIGHTS

I won't repeat the same thing
I promise. They
sequestered everything, even
my soul

Poets stare at the smoke of life
She and I in the middle of the road
Wave of events and names lurking in silence
Bastard nights that don't belong to anyone

Boom goes the echo of the Macumba
when the wine reddens the flesh
Am I in the guerrilla or not?
The witching hour makes the branches creak

PREGUNTAS AL DOCTOR MORTIS

¿Cuál es la naturaleza del tiempo
      su descomposición?

El perro jala del bastón a la señora Robin
El amigo con cáncer rehúsa contestar el teléfono

¿Cuál es el secreto de su secreto?

Silencio de árboles disecados
      en el cráter de los espíritus

      ¿Acaso el pelo cano
      de un cuerpo
      que todavía quiere placer?

¿Cuál es la sinfonía de su saxo
      cuando aprieta el cielo
      y las nubes se cierran?

QUESTIONS FOR DOCTOR MORTIS

What is the nature of time
      its decomposition?

The dog tugs at Mrs. Robin's cane
The friend with cancer refuses to answer the phone

What is the secret of its secret?

The silence of desiccated trees
      in the crater of spirits

Doesn't the white hair
      of a body
      still want pleasure?

What is the symphony of its sax
      when the sky squeezes
      and the clouds close?

CINCUENTA

¿Qué me ofrecen los años?

¿La muerte
una experiencia accidentada
o la ausencia de los amigos?

¿Qué augura el destino?

Ni hijos ni sueños
sino la máquina que gira
sobre sí misma

¿Qué forma tiene el futuro?

Danza desbocada en los límites del yo
Memoria que abre huecos en el tiempo
Sombras en los párpados del jardín

¿Qué nos queda cuando transmuta el momento?

El recuerdo
y el deseo
de haber prolongado el deseo

FIFTY

What do my years have to offer?

Death
an impaired experience
or the absence of friends?

What foretells fate?

Neither children nor dreams
but the machine that revolves
around itself

What shape does the future take?

Uninhibited dance at the limits of the self
Memory that opens gaps in time
Shadows on the garden's eyelids

What remains for us when the moment mutates?

The memory
and the desire
of having prolonged the desire

AMOR LIBRE

El cuarto vibra al
c
o
m
p
á
s
de los cuerpos sin
copados
que bailan sin
preguntas
ni
respuestas

FREE LOVE

The room vibrates to the

r

h

y

t

h

m

of the bodies in

sync

dancing

without

questions

or

answers

Perla de Labuán / The Labuan Pearl

HORAS

HOURS

HORA CERO

Me he quedado colgando de la lámpara de la noche
Nuestro hijo sueña con una cabaña en el bosque
Yo sujeto mi cara frente al computador
Afuera volverá a llover
Cavé una fosa para enterrar a la gata en el jardín
que una vez fue nuestro
Ahora soy otro que cruza tu puerta
como el sol de las estaciones

THE ZERO HOUR

I've been hanging from the lamp of night
Our son dreams of a cabin in the woods
Head in my hands facing the computer
It will rain outside once more
I dug a pit to bury the cat in the garden
that was once ours
Now I'm just another walking through your door
like the sun of the seasons

NOROESTE

Avellanos floridos despiden a los transeúntes
El firmamento es un motor encendido

Seda siseante en el engranaje de los sueños
Techos mojados tararean una canción

Las ramas de los avellanos se agitan
Los motoristas entran en la ciudad

NORTHWEST

The flowering filbert trees say farewell to the passers-by
The firmament is an enflamed engine

Hissing silk in the gear of dreams
Wet roofs hum a song

The filbert trees' branches shake
Motorists enter the city

SALAMANDRA

Los vidrios comienzan a empañarse
Se cierran los visillos

Hogar en penumbra
Boca de leña en el corazón de la casa

Mi hijo duerme
Sueña con una cabaña en el bosque

Yo saco mis piernas
Entro en la garganta del invierno

WOODSTOVE

The mirrors start to fog up
The sheer curtains close

Hearth in twilight
Mouth of firewood in the heart of the house

My son sleeps
Dreams of a cabin in the woods

I head out
And enter winter's throat

EDÉN

Mi madre era un cable a tierra
Mi padre un pájaro musical

Rostros en el rostro de mi hijo
Tigre que recorre la floresta del Lago Atitlán

La música sale de los pájaros
La serpiente entra al ombligo del mundo

En el valle de las bestias
los poetas y sátiros animan la fiesta

EDEN

My mother was a ground wire
My father a musical bird

Faces on the face of my son
Tiger that roams the verdant grove of Lake Atitlán

Music comes from birds
The snake enters the world through its navel

In the valley of beasts
poets and satyrs liven up the feast

ENERO DE 2014

Gelman tenía los ojos claros y la marca del destierro
Distinguido anfitrión que abre las puertas de un monasterio
Cuatro caminos de la cruz

Pacheco en cambio era herida huracán terremoto
Escarbaba con tranquilidad y torpeza
Estirpe de albatros que tumban cuando quieren caminar

Ya no estarán —lo sabían
Troncos de la lengua
Lámparas que maquillan la noche cuando cae el silencio

JANUARY 2014

Gelman had light eyes and the mark of exile
Distinguished host who opens the door of a monastery
Four-way crossroad

Pacheco on the other hand was a wound a hurricane an earthquake
Dug up calmly and clumsily
Descendant of Albatross who lie down when they want to walk

They knew it — they will be no more
Root of the Spanish language
Lamps adorn the night when silence falls

POETA JOVEN

Por las noches se juntaba
en un galpón
con los desamparados de la ciudad

Vestía un abrigo negro
y tenía una novia
El resto de la historia ya la pueden imaginar

Cortinas blancas y botas de cuero
Un cigarrillo tras otro
La cartulina donde se bosqueja una biografía

La mesa de vidrio
el ventanal abierto
Un edificio a contraluz de la cordillera

YOUNG POET

Meeting up at night
in a shed
with the city's rejects

Had a girlfriend
and wore a leather jacket
You can fill in the rest

White curtains and black boots
One cigarette after another
The drawing board where a biography is sketched

The glass table
the open window
A building lit against the mountain range

ALTER EGO

Yo soy el monje de las guadalupes
Álvaro Ruiz

¿Cómo corren la vid y la melaza por tus venas?
¿Y la savia, siempre virgen y estupenda, que fluye como resina
[humana?

Yo ya no soy yo ni mi casa es ya mi casa —escribió Lorca
y mis *Poemas oníricos* son de Antonio Escrivania

Hoy desperté con ganas de hacer una canción
y pensé en mis pares lejanos que con lenta monotonía dibujan una
[frontera
El resto habrá que dejarlo para cuando despeje
y el alarido de los coyotes nos reciba en el desierto nuevamente

ALTER EGO

I am the monk of the Guadeloupe
Álvaro Ruiz

How do molasses and vines run through your veins?
And the sap, ever virgin and great, how does it flow like human
[resin?

I am no longer myself nor is my house my own — wrote Lorca
and my *Dream Poems* are by Antonio Escrivania

Today I woke up with an urge to create a song
and I thought of my distant peers who draw a border with slow
[monotony
The rest will have to be left for when it clears
and the coyote's howl greets us in the desert again

CARCASSONNE

A José Yovane Moneta

En el fondo
tú conocías al poeta mejor que yo

Pozo que circunda la fortaleza
del sujeto

Volarás alto
mientras los gatos sigan reunidos

y el guión del último acto
espere ser escrito

Allá lejos
la inspiración se eleva entre las acacias del concreto

Aquí
los muros del siglo XIII circundan los torreones de guerra

El laberinto del espíritu es un monasterio
No se puede traicionar la poesía

CARCASSONNE

To José Yovane Moneta

Frankly
You knew the poet better than I did

Moat that surrounds the fortress of the
individual

You'll fly high
as long as the cats stay together

and the script of the last act
awaits being written

Far away
inspiration rises among the Acacias of concrete

Here
the walls of the XIII Century surround the pillars of war

The labyrinth of the spirit is a temple
You can't betray poetry

POEMA EN PROSA

Se reúnen a estudiar sus nombres
y repetirlos en comparsa
ante el tifón que fustiga las flores del tiempo

Se reúnen y apilan sus pergaminos
porque el poeta que no es un pájaro legendario
es un pantalón oscuro que huele a muerto

En la mesa comunal nadie iza sus medallones
porque el espíritu no tiene dueño
ni fantasmas encandilados por las pantallas de Moloch

Los leguleyos alquilan sus almas
y cantan el sueño de otro que alguna vez quiso aletear
enumerando las haches que tiene el diccionario

Se reúnen con la esperanza del amor en cuartos de hotel caliente
porque el frío que emana de su prosa
no se equipara a la poesía que habita en la boca de los locos

Se reúnen con sus cuerpos lánguidos
en el espectáculo de la nada
a recitar palabras huecas que se resquebrajan como conchas de su
[madre

POEM IN PROSE

They meet to study their names
and repeat them in a chant
before the typhoon upbraids the flowers of time

They meet and stack their scrolls
because the poet who is no legendary bird
is a pair of pants that reeks of death

At the communal table nobody hoists their medallions
because the spirit has no master
nor any ghosts bewildered by Moloch's screens

The shysters rent their souls
and sing the dream of another who once wanted to flutter
listing the X's in the dictionary

They meet in hopes of love in hot hotel rooms
because the cold emanating from their prose
doesn't equate the poetry that resides in the mouth of lunatics

They meet with their languid bodies
in a spectacle of nothing
to recite hollow words that crack like a motherfucker

CUERVOS

Odio esos sintagmas fijos
ocultos en el paladar
Criaturas siniestras
en las ramas de la noche

RAVENS

I hate those fixed phrases
hidden in the palate
Sinister creatures
in the branches of night

HABLANTE LÍRICO

Ya no hay palabras que quieran salir
Ateridas en su cárcel de hielo

Trancado el hablante
Estallan las partículas del enredo

Las cuerdas se azotan
Deshilachan la pintura que somos

THE LYRIC SPEAKER

There are no more words wanting to come out
Frozen in their ice prison

They locked up the speaker
The entwined particles explode

Ropes lash themselves
The painting of what we are frays

EPICURO

Los árboles de la infancia ya no dan sombra
Se quedaron masticando la manzana del tiempo

Gatos en agosto frotan la mañana
De puntillas se pasean por el jardín de los sentidos

EPICURUS

Childhood trees no longer provide shade
They were left chewing the apple of time

Cats rub against the August morning
They tiptoe through the garden of senses

ALQUIMIA CHINA

i. Hervir el agua en los riñones

ii. Usar el fuego del corazón

iii. Formar la saliva

iv. Volver a tragarla

v. Enviar el líquido a su origen

CHINESE ALCHEMY

i. Boil water in the kidneys

ii. Use the fire from the heart

iii. Produce saliva

iv. Re-swallow it

v. Send the liquid back to its source

Adán y Eva / Adam & Eve

VIAJE A TÁNATOS

JOURNEY TO THANATOS

DANZA MACABRA

Cuando se danza con los muertos
suena la marimba
el cascabel que le habla al fuego
la liana que entra al cuerpo
y alumbra la serpiente

DANSE MACABRE

When you dance with the dead
the marimba sounds
like a rattle speaking to the fire
the vine that enters the body
and lights the snake

MARIRI

O la manera en que un líquido
susurra a la altura de su columna

Steven White

La abuela canta en el poso
Sedimento que respira en el fondo del recipiente

En un rincón de la noche
anidan ciervos y mapaches

El presente es una elipsis
Luz de focos en la espesura del matorral

Flema donde corren ríos torrentosos
La medicina comienza a hablar

MARIRI

Or the way a liquid
whispers at the height of its column

Steven White

Grandma sings in the sludge
Sediment that breathes at the bottom of the container

In a corner of night
nest the deer and raccoons

The present is an ellipsis
Spotlight on the dense thicket

Phlegm where torrential rivers run
The medicine starts to talk

SACHAMAMA

El murciélago devora la luz
Sirenas ocultas en enjambre de zumbidos

Eco monocorde en noche de serpientes
Mosquitero que ametralla la tormenta

Un cruce de ríos se forma en el cuerpo
El capullo se apaga

Ha purgado y vaciado su memoria
Ha abierto el pasado y divisado el futuro

Es inmune
La selva lo ha embrujado

SACHAMAMA

The bat devours the light
Sirens hidden in a swarm of buzzing

Repetitive echoes during the night of the serpents
Storm that bombards the mosquito net

A confluence of rivers develops within the body
The cocoon fades

Your memory has been purged and emptied
The past has been disclosed and the future discerned

You're immune
Bewitched by the jungle

LA SELVA

No vayas por esos sitios
en busca de lo que no se te ha perdido

Juan Carlos Galeano

El Amazonas es un lugar para morir
La luz se apaga / se enciende el cuerpo

Haber sido la selva
Haber regresado

Sin marcas de tigre ni besos de serpiente
Sin picaduras ni dengue ni zika

Desnudo en la oscuridad
Un pequeño cambio altera las cosas

El río se bifurca
Evitar el sendero que conduce al pantano

THE JUNGLE

*Don't go searching
for what you haven't lost*

Juan Carlos Galeano

The Amazon is a place to die
The light fades / the body ignites

To have been the jungle
To have returned

Without tiger scars or snake kisses
No bug bites or dengue or zika

Naked in darkness
One small change alters everything

The river splits
Avoid the trail leading to the marsh

ANACONDA

En el fondo espera a su presa
Boa indigesta
Ha dormido y comido
Tiene piernas
Su objetivo es enseñar a soñar

ANACONDA

Awaiting its prey in the deep
Indigestible boa
Has slept and eaten
Has legs
And a goal to teach to dream

PURGA

Por la boca
caen traumas y pecados
El cuerpo muda de piel
Se derrumba el edificio del ego
Es un espectáculo
la fiesta de la muerte

PURGE

Through the mouth
trickle traumas and sins
The body sheds its skin
Tears down the temple of the ego
It's a spectacle
the feast of death

AVESTRUZ

La verdad cruje
bajo el tambo de la selva

Antonio Escrivania

Entonces me doy vuelta y
vomito
Veo caer la carne de los perros
La historia atiborrada de rosas marchitas
que los buitres robaron del valle
Veo montañas silenciosas y tensas
El bochorno
La luz de las velas
Sepelio sin rumbo
Vomito el rostro abultado de la violencia
La ignominia el resentimiento el descaro
Las armas de guerra
El horror
El monstruo que viola a su hija
y la madre que esconde su cuello

OSTRICH

The truth rattles
Under the tambo of the jungle

Antonio Escrivania

Then I turn around and
vomit
I see the flesh fall off the hounds
History is filled with wilted flowers
stolen from the valley by vultures
I see silent and tense mountains
Muggy weather
Candlelight
Aimless burial
I vomit the hefty face of violence
The disgrace the resentment the audacity
War weapons
Horror
The monster that rapes his daughter
and the mother who buries her head in the sand

NARCISO

Los ojos de la selva
son mariposas que sueñan el presente
y comparten su transparencia con el aliento de las cosas
que empañan el espejo donde un hombre mira su delirio

El aliento del ahora
se posa en los ojos de la selva
que contemplan el vuelo de las mariposas
y ahondan el sueño de un hombre que mira su delirio

La selva se humedece
en el sueño de las mariposas
que contemplan las puertas del presente
y pulsan los ojos de un hombre que mira su delirio

NARCISSUS

The eyes of the jungle
are butterflies that dream the present
and portion their transparency with the breath of things
that fog up the mirror where a man gazes upon his delusion

The breath of the present
rests on the eyes of the jungle
that muse over the flight of the butterflies
and deepen the dream of the man who gazes upon his delusion

The jungle humidifies
in the dream of the butterflies
that muse over the portal of the present
and press down on the eyes of the man who gazes upon his delusion

IQUITOS

La idea de la muerte es más fuerte que la muerte misma
Fantasma que vuelve por amor

Recuerda la sonajera del derrumbe
El miedo convertido en gozo

La selva es un lugar para morir
Después de la muerte solo queda la vida

IQUITOS

The idea of death is stronger than death itself
Ghost returning for love

Remember the rattle of the ruins
Fear turns to joy

The jungle is a place to die
After death only life remains

RUTA

Medellín, 2017

Entro en aquella senda
      con cortes en el rostro

La música suena
      aunque apagados estén los parlantes

Espíritus monótonos
      monopolizan el paisaje

Padre, madre, hermanos
      ¿dónde dejaron su sombra?

Vuelta de senda
      con más chicotazos en el cuerpo

Madre mía
      ¿cómo se deshizo el mundo?

La flautista traversa
      hace un solo en el triángulo de la noche

Entro en el ritmo
      Las palabras destilan un nombre fugaz

Sangre de sangres y sangres
      La selva tiene huellas circulares

¿Cómo le darás la mano?
      ¿O un beso?

No es sino con el corazón
      que el cuerpo cavila

ROUTE

Medellín, 2017

I begin that path
  with cuts on the face

Music plays
  although the speakers are off

Monotonous spirits
  monopolize the countryside

Father, mother, siblings
  where have you left your shadow?

The path contorts
  as the body endures lashes

Holy shit
  how did the world come undone?

The well-versed flutist
  performs a solo in the triangle of night

I get in rhythm
  the words distill into a fleeting name

Blood of bloods and bloods
  the jungle has circular footprints

How would you offer a hand?
  Or a kiss?

Is it not with the heart
  that the body ponders

Y oye con los oídos
     que cuelgan de la techumbre del cerebro

La senda es larga como una carreta
     pero caminando se anda

Coagulemos todos con fuerza
     ¡Vamos, dale, puja!

Por cada parto caen lágrimas
     que se transforman en hongos al borde del camino

¿Cómo hacerse gigante o pequeño
     sin ser mísero ni mezquino?

El sendero tiene ojos
     y las paredes orificios donde entran las estrellas

Vestido rojo en penumbra de balcón
     De lo obvio ni hablar

¿Cuántos trajes yo no diera?
     ¿cuántos mandamases y estafetas?

Dolor de la montaña y colmenas humanas
     No hay imaginación

El río se seca
     y los árboles raquíticos se pronuncian con angustia

Soplan los abuelos el recuerdo
     que se esfuma con el viento del sur

«Lo esencial es invisible al estado»
     Caos orgánico

And listens with the ears
      that hang from the dome of the brain

The path is long like a caravan
      but by walking we proceed

Let us unite and gain strength
      ¡Vamos, dale, puja!

For each birth fall tears
      that turn into fungi on the edge of the road

How can you become big or small
      without being pitiful or petty?

The trail has eyes
      and walls where stars enter through the holes

Red dress in the balcony's twilight
      Don't state the obvious

How many suits would I not give?
      how many barons and couriers?

Mountain pains and human hives
      There's no imagination

The river dries up
      and the stunted trees scream in anguish

Elders blow the memory
      that fades away with the southern wind

"The essential is invisible to the state"
      Organic chaos

Yo pensaba que los ciegos no miran
      Habitantes del misterio

Estar satisfecho es estar muerto
      Ríos de palabras y hormigas de cartulina

Los cortes en el rostro desaparecen
      Pintura ritual

Bajo la suela se alisa la senda
      Caminando se anda

I thought the blind couldn't see
      Residents of mystery

To be satisfied is to be dead
      Rivers of words and ants of cardboard

The cuts on the face disappear
      Ritual painting

The path smooths beneath the sole
      By walking we proceed

Acerca del autor

Jesús Sepúlveda es autor de nueve libros de poesía y tres de ensayo, incluyendo el manifiesto ecoanarquista *El jardín de las peculiaridades* (2002) y el texto de crítica en inglés *Poets on the Edge* (2016). Su obra poética fue reunida en *Poemas de un bárbaro* en 2013 y su colección *Hotel Marconi* (1998) fue llevada al cine en 2009. Su primer poemario *Lugar de origen* (1987) es un texto emblemático de la generación que se rebeló contra la dictadura chilena en la década del ochenta. La obra de Sepúlveda ha sido traducida a doce idiomas y publicada en una veintena de países, llevándolo a participar en numerosos festivales y recitales de poesía en América Latina, Norteamérica, Europa y Asia.

Fue invitado por la Fundación Sylt como escritor en residencia a Sudáfrica en 2016 y a Alemania en 2018. En 2019 el Instituto de Cultura Oregoniana le otorgó el Primer Premio del II Concurso de Poesía en Español del estado de Oregón. Otros poemarios suyos incluyen *Correo negro* (Buenos Aires, 2001), *Escrivania* (México, 2003), *Antiegótico* (Viña del Mar, 2013), *Secoya* (Nueva York, 2015) y *Wirikuta* (Puerto Rico, 2019). Sepúlveda nació en Santiago de Chile en 1967 y se mudó a Eugene, Oregon (USA) en 1995. Es doctor en Lenguas Romances y docente de la Universidad de Oregón.

About the Author

Jesús Sepúlveda is the author of nine poetry collections and three books of essays, including his green anarchist manifesto *The Garden of Peculiarities* (2002) and his book on Latin American poetry *Poets on the Edge* (2016). His poems were collected in *Poemas de un bárbaro* in 2013 and his collection *Hotel Marconi* (1998) was made into a film in 2009. His first collection *Lugar de origen* (1987) is a work representative of a generation rising up against the Chilean dictatorship in the 1980's. Sepúlveda's work has been translated from Spanish into twelve languages and published in more than twenty countries, leading him to participate in many poetry festivals and readings in Latin America, North America, Europe, and Asia.

The Sylt Foundation sponsored him to be a writer-in-residence in South Africa in 2016 and Germany in 2018. In 2019 the Instituto de Cultura Oregoniana awarded him first place in the state of Oregon's Spanish Second Poetry Contest. His other collections include *Correo negro* (Buenos Aires, 2001), *Escrivania* (Mexico, 2003), *Antiegótico* (Viña del Mar, 2013), *Secoya* (New York, 2015), and *Wirikuta* (Puerto Rico, 2019). Sepúlveda was born in Santiago de Chile in 1967 and moved to Eugene, Oregon in 1995. He holds a Ph.D. in Romance Languages and teaches at the University of Oregon.

Colección Amarumayu de poesía

Amarumayu es la palabra quechua para nombrar al río Amazonas. *Mayu* significa río y *Amaru* es serpiente y también deidad representada como una serpiente alada, así mismo, es el rayo o exhalación que cae del cielo. En la época incaica era tótem de la sabiduría, ente comunicador entre el cielo y la tierra. El Amazonas es ese río serpiente que visto desde el cielo con todas sus arterias y ramas parece un dragón, la serpiente alada de la selva, un rayo lleno de energía, las venas de *Awya Yala*, pura vida fluida que traspasa fronteras e identidades. La cuenca del Amazonas nace en los Andes y baña las montañas, valles, llanos, selvas y morichales de ocho países. Se va haciendo poderoso a su paso, gracias a la confluencia de agua y vida proveniente de tantos lugares distintos. Representa a los pueblos no colonizados, salvajes e indomables: pueblos americanos que aún viven en sus riveras y se nutren de sus arterias, en el Sur, que es América.

Nuestro propósito es ser un canal de comunicación entre el poeta y el lector. Queremos ser un rayo que lleva luz y fuerza desde ese cielo de ideas y palabras que es la Poesía, al campo fecundo de las mentes. El poema es como un rayo. La poesía se mueve en forma de energía en el cielo, en la tierra y en el mar. Cuando el poeta mira con otros ojos o busca otros significados se alza del suelo. Entonces la corriente eléctrica lo atraviesa y de esa unión de los cielos y la tierra, nace el poema.

Amarumayu

Amarumayu Poetry Collection

Amarumayu is the Quechua word to name the Amazon river. *Mayu* means river and *Amaru* is a serpent and also a deity represented as a winged serpent, likewise, it is the ray or exhalation that falls from the sky. In the Inca era it was a totem of wisdom, a communicating entity between heaven and earth. The Amazon is that snake river that seen from the sky with all its arteries and branches looks like a dragon, the winged snake of the jungle, a ray full of energy, the veins of *Awya Yala*, pure fluid life that crosses borders and identities. The Amazon basin is born in the Andes and bathes the mountains, valleys, plains, jungles and *morichales* of eight countries. It becomes powerful in its path, thanks to the confluence of water and life from so many different places. It represents the non-colonized, wild and indomitable peoples: American peoples that still live on its banks and feed on its arteries, in the South, which is America.

Our purpose is to be a channel of communication between the poet and the reader. We want to be a ray that brings light and strength from that sky of ideas and words that is Poetry, to the fertile field of minds. The poem is like lightning. Poetry moves as energy in the sky, on land, and in the sea. When the poet looks with other eyes or looks for other meanings, he rises from the ground. Then the electric current passes through they and from that union of the heavens and the earth, the poem is born.

«*Vamos a necesitar escritores que puedan recordar la libertad*
– poetas, visionarios –
realistas de una realidad más amplia».

"We'll need writers who can remember freedom
– poets, visionaries –
realists of a larger reality."

Ursula K. Le Guin

EL SUR
ES
AMÉRICA